ACADEMIA BARILLA

TOMATE

50 das melhores receitas

Manole

editado por

Academia Barilla

fotografias de

Alberto Rossi
Chef Luca Zanga

receitas de

Chef Mario Grazia

texto de

Mariagrazia Villa

projeto gráfico de

Marinella Debernardi

coordenação editorial pela Academia Barilla

Chato Morandi
Ilaria Rossi

SUMÁRIO

variedades contivessem teores de solanina, uma substância tóxica, que tornava o tomate um alimento indigesto ou até mesmo venenoso. Em consequência, o tomateiro foi usado originalmente apenas como planta ornamental, mas, como se atribuíam a ele propriedades medicinais, a planta passou a ser estudada em jardins botânicos, onde seu apelo permaneceu restrito. Foi graças à seleção varietal que o tomate passou a ser aceito como uma planta comestível.

Na Itália

Depois da Espanha, a Itália foi o primeiro país europeu a conhecer o tomate. Isso ocorreu graças à relação próxima entre as famílias que detinham o poder na época e aos domínios espanhóis existentes no território italiano.

A história "oficial" do tomate na Itália começou em Pisa, no dia 31 de outubro de 1548, quando o grão-duque da Toscana, Cosimo de Médici, recebeu uma caixa de tomates da propriedade Torre del Gallo, em Florença. As sementes provavelmente foram um presente do vice-rei de Nápoles à sua filha, Eleonora de Toledo, esposa de Cosimo. Da Sardenha, região ainda dominada pela Espanha, o tomate alcançou Gênova, naquela época o principal porto do mar Tirreno. De lá, graças ao clima favorável, espalhou-se pela Ligúria. O tomate percorreu, então, a cordilheira dos Apeninos, chegando às planícies de Piacenza, Parma, Milão, Novara e Turim.

A disseminação do tomate na Itália restringiu-se, a princípio, às cortes da aristocracia e aos jardins botânicos. Como acreditava-se que o tomate era venenoso, inicialmente foi usado apenas para fins ornamentais, e seu potencial gastronômico continuou sendo totalmente ignorado. Somente no século XVIII começaram as "experimentações" com aquela planta que por tanto tempo foi usada apenas como elemento de decoração. Tais experimentações possibilitaram ao século XIX ver uma propagação mais ampla do tomate como o conhecemos atualmente. No entanto, o processo foi lento.

Na culinária

O advento do tomate não foi uma descoberta culinária imediata. Os novos alimentos com mais chances de serem aceitos nas mesas europeias foram aqueles que lembravam remotamente o que as pessoas já estavam acostumadas a comer. Foi o que ocorreu com o milho, o feijão-vermelho e a pimenta dedo-de-moça. No caso do tomate, pelo contrário, a aceitação foi mais lenta e difícil. Apenas no final do século XVII o tomate rompeu a barreira do jardim botânico, chegando às hortas caseiras e, de lá, alcançando a cozinha. A primeira pessoa a publicar uma receita com tomate na Itália foi Antonio Latini. Em seu livro *Lo scalco alla moderna* ("O camareiro moderno"), publicado em Nápoles em 1694, ele recomendava que o tomate fosse cozido com berinjela e abobrinha.

Até aquela época, os pratos eram dominados pela paleta de cores da manteiga, do queijo e do molho bechamel. A "revolução vermelha" teve início na Sicília e em Nápoles, e foi se expandindo de forma gradual e constante em direção ao norte da Itália. Na segunda metade do século XVIII, já havia vários livros de receitas ensinando a usar o tomate; o fruto, no entanto, continuava sendo um privilégio da aristocracia abastada. Foi somente no século XIX que a combinação clássica com a massa finalmente surgiu, fazendo com que a massa, tradicionalmente branca, ficasse "vermelha" graças ao molho de tomate.

Felizmente, o encontro do "*maccheroni*" com o "*pommarola*" (macarrão e molho de tomate) não foi o único: ao mesmo tempo, o tomate também conquistava a pizza. Em 1835, Alexandre Dumas (1802-1870) descreveu os vários tipos de pizza existentes, a maioria delas ainda "branca". O escritor mencionou pizzas feitas com azeite e alho, outras com anchova, e uma pequena exceção: a pizza com tomate, aquela que pouco tempo depois viria a destronar todas as demais.

No século XIX, o tomate tornou-se um alimento comum entre os camponeses ao longo de todo o sul da Itália, enquanto as versões em conserva e em purê começavam a se estabelecer lentamente. Continuando sua trajetória até o norte da Itália, o tomate e seu molho logo substituíram a gordura de toucinho

na preparação de vários pratos básicos, como sopas, arroz e polenta. Em 1931, o Guia de Turismo Gastronômico da Itália declarou que o tomate já gozava de todos os direitos de um cidadão em quase todas as regiões do país. E ele manteve sua campanha de conquista, logo passando a integrar o regime alimentar que, nos anos 1950, passou a ser chamado de "dieta mediterrânea". Essa dieta logo se difundiu mundo afora graças aos benefícios que proporciona à saúde. E, assim, o tomate cruzou o oceano mais uma vez.

Foi... e voltou

Em Salem, Massachusetts, há um monumento dedicado a Michele Felice Corne (1752-1845), pintor italiano nascido na ilha de Elba que partiu de Nápoles e chegou aos Estados Unidos em julho de 1800. Michele ficou famoso não apenas por sua pintura, mas por ser a primeira pessoa a ter coragem de provar um tomate na América, ignorando a superstição de que o fruto seria venenoso. E foi assim que, graças a um italiano entusiasta da versatilidade do tomate na culinária de Nápoles, o fruto regressou, em termos gastronômicos, ao continente americano, fazendo surgir um setor da indústria de alimentos que se mantém próspero até os dias de hoje. Nos anos 1920, o então recém-empossado diretor da Estação Experimental da Indústria de Alimentos em Conserva de Parma, cidade italiana festejada pela alta qualidade dos alimentos que produz e de suas indústrias alimentícias, e que conta até mesmo com um museu dedicado ao tomate, visitou os Estados Unidos. Lá, ele percorreu várias fábricas de alimentos para estudar as avançadas tecnologias empregadas na produção de conservas. O tomate, o filho nascido no continente americano, regressava ao lar. Mas, no decorrer de suas viagens, o tomate "se casou" com as tradições culinárias italiana e europeia. Afinal, o que seria da pizza, das massas e da dieta mediterrânea sem o tomate? Sem a imaginação gastronômica italiana, talvez o tomate não tivesse conseguido fama e fortuna...

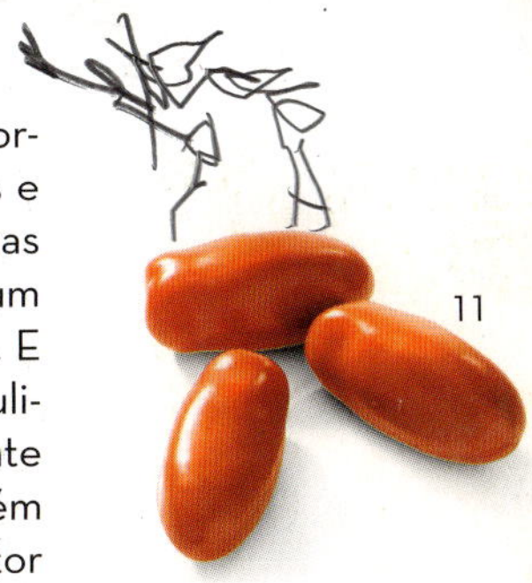

Giancarlo Gonizzi
Curador da **Biblioteca de Gastronomia da Academia Barilla**

BOLO SALGADO COM TOMATE SECO, ALCAPARRA E ORÉGANO

INGREDIENTES PARA 4 PESSOAS

3 ovos
2 colheres de sopa (30 mL) de azeite extra virgem
100 mL de leite
200 g de farinha de trigo
16 g de levedo de cerveja
100 g de queijo pecorino ralado
3 colheres de sopa (25 g) de alcaparra
100 g de tomate seco
1 colher de sopa (5 g) de orégano
sal e pimenta-do-reino

MODO DE PREPARO

Bata os ovos com o azeite e o leite. Tempere com sal e pimenta.
Junte a farinha e o levedo, misturando bem.
Adicione o queijo pecorino ralado, a alcaparra picada grosseiramente, o tomate seco e, por fim, o orégano.
Unte e enfarinhe uma forma.
Despeje a massa na forma untada e enfarinhada até alcançar ¾ da sua altura. Asse no forno preaquecido a 180°C por 35-40 min.

Tempo de preparo: 15 min
Tempo de cozimento: 35-40 min

SALADA CAPRESE

INGREDIENTES PARA 4 PESSOAS

600 g de tomate coração-de-boi (4 unidades grandes)
500 g de mozarela de búfala
2 colheres de sopa (30 mL) de azeite extra virgem
manjericão
sal

MODO DE PREPARO

Lave e seque os tomates.
Corte a mozarela de búfala e os tomates em fatias de tamanho parecido.
Salpique com um pouco de sal. Lave e seque delicadamente o manjericão.
Alterne as fatias de tomate com as de mozarela de búfala,
colocando as folhas de manjericão em cima das fatias.
Regue com um pouco de azeite extra virgem e sirva.

Tempo de preparo: 15 min

GASPACHO

INGREDIENTES PARA 4 PESSOAS

3 xícaras (150 g) de pão cortado em cubos
1 kg de tomates em rama (6 unidades grandes)
150 g de cebola roxa (2 unidades pequenas)
120 g de pepino ($^{1}/_{3}$ de 1 unidade grande)
120 g de aipo (3 talos)
300 g de pimentão (2 unidades grandes)
1 dente de alho
1 ramo de manjericão
2 colheres de sopa (30 mL) de azeite extra virgem
sal e pimenta-do-reino

MODO DE PREPARO

Toste o pão cortado em cubos no forno. Retire a pele e as sementes dos tomates. Corte-os em quatro partes e reserve. Lave e descasque a cebola e o pepino. Lave o aipo e o pimentão. Reserve um pedaço de cada legume para decorar o gaspacho e corte o restante grosseiramente. Pique bem o alho. Leve-o ao fogo em uma frigideira com o azeite e refogue os legumes cortados. Retire do fogo e junte os tomates, o manjericão e o pão. Bata a mistura de tomate no liquidificador até ficar homogênea. Tempere com sal e pimenta. Leve à geladeira por pelo menos 1 h. Corte em cubinhos os legumes reservados previamente e use-os para decorar o gaspacho. Sirva gelado.

Tempo de preparo: 20 min
Tempo de descanso: 1 h

GELATINA DE TOMATE E MANJERICÃO COM BURRATA

INGREDIENTES PARA 4 PESSOAS

500 g de tomates em rama maduros (4 unidades médias)
3 folhas de gelatina sem sabor
150 g de queijo *burrata*
azeite extra virgem
manjericão
sal e pimenta-do-reino

MODO DE PREPARO

Lave e seque delicadamente o manjericão. Pique-o bem fino.
Retire a pele e as sementes dos tomates. Use um passador de legumes para transformá-los em purê (você também pode utilizar um liquidificador) e tempere com sal e pimenta-do-reino.
Leve metade do purê de tomate ao fogo para aquecer. Enquanto isso, amoleça as folhas de gelatina em água fria. Esprema-as para retirar o excesso de água. Em seguida, adicione-as ao purê de tomate da panela.
Junte essa mistura de purê e gelatina ao restante do purê de tomate. Acrescente o manjericão picado.
Com cuidado, despeje a mistura em copinhos e leve-os à geladeira por pelo menos 2 h.
Quando a gelatina de tomate estiver firme, adicione um pouco de *burrata* a cada um dos copinhos.
Regue com um fio de azeite extra virgem, decore a gosto e sirva.

Tempo de preparo: 30 min
Tempo de descanso: 2 h

GRISSINI DE TOMATE E TOMILHO

INGREDIENTES PARA 4 PESSOAS

1 ½ colher de sopa (25 g) de levedo de cerveja
1 colher de chá (5 g) de tomilho fresco
500 g de farinha de trigo
80 g de extrato de tomate
250 mL de água
1 ½ colher de sopa (25 g) de azeite extra virgem
1 ½ colher de chá (10 g) de sal

MODO DE PREPARO

Dissolva o levedo em um pouco de água morna. Lave e seque as folhas de tomilho. Numa bancada, despeje a farinha, fazendo um buraco no centro. Misture o extrato de tomate à farinha. Junte o levedo dissolvido à água. Adicione esse líquido à mistura de farinha e extrato de tomate e comece a sovar a massa. Quando a massa estiver homogênea, junte o azeite, o sal e as folhas de tomilho. Continue sovando até a massa ficar macia, lisa e elástica. Cubra com filme plástico e deixe descansar por 30 min. Molde a massa no formato de uma baguete e, usando uma espátula, corte-a em pedaços grossos. Preaqueça o forno a 250°C. Disponha-os sobre uma assadeira, deixando um espaço entre eles. Asse por 15 min.

Tempo de preparo: 30 min
Tempo de descanso: 30 min
Tempo de cozimento: 15 min

MIL-FOLHAS DE MOZARELA DE BÚFALA COM TOMATE ASSADO

INGREDIENTES PARA 4 PESSOAS

4 tomates em rama
4 colheres de sopa (60 mL) de azeite extra virgem
15 g de manjericão (cerca de 30 folhas)
250 g de mozarela de búfala
açúcar
alho
tomilho
sal e pimenta-do-reino

MODO DE PREPARO

Preaqueça o forno a 100°C. Lave e seque os tomates.
Corte-os em fatias, tempere-as com sal e salpique um pouco de açúcar.
Asse por mais ou menos 1 h, com o alho cortado em fatias, o tomilho e o azeite extra virgem.
Lave o manjericão e mergulhe-o em água fervente. Dê um choque térmico, mergulhando-o em água com gelo em seguida. Escorra e bata no liquidificador com 3 $\frac{1}{2}$ colheres de sopa (50 mL) de azeite extra virgem.
Corte a mozarela de búfala em fatias. Tempere-as com um pouco de sal e pimenta-do-reino.
Para montar o mil-folhas, faça camadas, alternando a mozarela com as fatias de tomate assado.
Regue com um pouco de azeite extra virgem e decore com o molho de manjericão.

Tempo de preparo: 1 h 10 min

NASTRINE
COM TOMATE SECO E ORÉGANO

INGREDIENTES PARA 4 PESSOAS

Para a massa
4 colheres de chá (20 g) de levedo de cerveja
500 g de farinha de trigo
2 colheres de sopa (20 g) de açúcar
1 ovo
250 mL de água
5 colheres de chá (25 g) de manteiga
2 colheres de chá (12 g) de sal

Para o recheio
1 ovo
60 g de tomate seco
150 g de alcaparra
orégano

MODO DE PREPARO

Dissolva o levedo em um pouco de água. Numa bancada, despeje a farinha, fazendo um buraco no centro. Junte o açúcar e o ovo. Aos poucos, adicione a água. Incorpore a manteiga (em temperatura ambiente) e, por último, o sal. Continue sovando até a massa ficar lisa e elástica. Cubra com filme plástico e deixe descansar por cerca de 30 min em local quente e úmido, para que cresça. Usando um rolo de macarrão, abra a massa sobre a tábua até ficar com uma espessura de 3 mm. Pincele com ovo batido. Corte o tomate seco em pedaços e salpique-os sobre a massa. Lave as alcaparras em água corrente para retirar o excesso de sal. Disponha-as sobre a massa, assim como o orégano (a gosto). Enrole a massa em formato de cilindro, com o recheio virado para dentro. Corte-a em tiras de 2,5 a 3 cm de comprimento. Torça as tiras e disponha-as numa assadeira untada com manteiga. Deixe que as massas cortadas descansem até dobrarem de tamanho (o que deve levar mais ou menos 1 h). Preaqueça o forno a 200-220°C. Pincele os nastrines usando o restante do ovo batido, para dar brilho, e asse no forno por cerca de 20 min.

Tempo de preparo: 1 h
Tempo de descanso: 1 h 30 min
Tempo de cozimento: 20 min

PÃEZINHOS DE TOMATE

INGREDIENTES PARA 4 PESSOAS

200 mL de água
1 colher de sopa (15 g) de levedo de cerveja
130 g de tomate-uva (*sweet grape*)
500 g de farinha de trigo
10 g de sal

MODO DE PREPARO

Dissolva o levedo na água morna (cerca de 35°C).
Lave os tomates e bata-os no liquidificador até formar um purê.
Numa bancada, despeje a farinha, fazendo um buraco no centro.
Coloque o purê de tomate no buraco e misture-o à farinha.
Adicione o levedo dissolvido à mistura de farinha e tomate e incorpore à massa.
Junte o sal quando os demais ingredientes estiverem quase incorporados à massa.
Continue sovando até obter uma massa macia, lisa e elástica.
Cubra com filme plástico e deixe descansar por 30 min.
Em seguida, separe a massa em porções de aproximadamente 50 g.
Modele-as no formato desejado e disponha-as numa assadeira untada com azeite, deixando um espaço entre as massas. Cubra a assadeira com filme plástico.
Deixe descansar por 40 min até as massas dobrarem de tamanho.
Preaqueça o forno a 180-190°C e asse as massas por aproximadamente 15 min.

Tempo de preparo: 1 h
Tempo de descanso: 1 h 10 min
Tempo de cozimento: 15 min

MIX DE MINIPIZZAS

INGREDIENTES PARA 4 PESSOAS

300 g de massa folhada
250 g de tomates variados
50 g de queijo scamorza ou emmental
15 g de filé de anchova
25 g de azeitona sem caroço (6 unidades grandes)
1 colher de sopa (10 g) de alcaparra
orégano
sal

MODO DE PREPARO

Abra a massa folhada até ficar com uma espessura de 3 mm e corte-a em discos.
Com um garfo, perfure a massa para que asse melhor.
Disponha as minipizzas numa assadeira forrada com papel-manteiga.
Lave os tomates. Corte-os em cubinhos ou use-os para fazer um purê.
Corte o queijo em cubinhos.
Recheie as minipizzas com o tomate e cubra-as com os cubinhos de queijo.
Decore com as anchovas e as azeitonas previamente picadas e com as alcaparras.
Salpique orégano e tempere com uma pitadinha de sal.
Preaqueça o forno a 210°C e asse por aproximadamente 13 min.

Tempo de preparo: 30 min
Tempo de cozimento: 13 min

TOMATES VERDES FRITOS

INGREDIENTES PARA 4 PESSOAS

500 g de tomates verdes (3 unidades grandes)
2 ovos
50 g de farinha de trigo
150 g de farinha de rosca
200 mL de azeite extra virgem
sal

MODO DE PREPARO

Lave os tomates e corte-os em fatias com cerca de 6 mm de espessura. Bata os ovos.
Passe os tomates na farinha de trigo e, em seguida, nos ovos batidos.
Por último, passe-os na farinha de rosca.
Aqueça o azeite numa frigideira.
Frite os tomates empanados por mais ou menos 5 min,
sem esquecer de virá-los na metade do tempo de fritura usando uma escumadeira.
Retire-os da frigideira e coloque-os sobre um papel-toalha para eliminar o excesso de azeite.
Tempere com sal e sirva.

Tempo de preparo: 15 min
Tempo de cozimento: 5 min

TIMBALE DE ARROZ NEGRO COM TOMATE-CEREJA ASSADO E ERVILHA

INGREDIENTES PARA 4 PESSOAS

200 g de tomate-cereja
1 dente de alho
1 pitada de orégano seco
50 mL de azeite extra virgem
120 g de arroz negro

50 g de ervilha
15 g de açúcar
3 a 4 folhas de manjericão
sal e pimenta-do-reino

MODO DE PREPARO

Preaqueça o forno a 90-100°C. Lave e seque os tomates. Corte-os ao meio e tempere com o açúcar e sal. Salpique o alho cortado em fatias e o orégano seco e regue com 1 colher de sopa (15 mL) de azeite extra virgem. Leve para assar durante mais ou menos 1 h.
Enquanto os tomates assam, cozinhe o arroz negro em água fervente com sal por cerca de 30 min, até ficar *al dente*. Escorra.
Cozinhe as ervilhas em água fervente com sal por cerca de 2 min.
Escorra e coloque-as imediatamente em água com gelo para esfriar.
Numa tigela, misture o arroz, as ervilhas e os tomates-cereja assados.
Lave e seque o manjericão. Rasgue as folhas e salpique na mistura de arroz, regando com metade do azeite restante. Tempere com sal e pimenta-do-reino.
Unte quatro ramequins com azeite. Coloque a mistura de arroz nos ramequins e leve-os ao forno em banho-maria até o arroz esquentar de novo.
Na hora de servir, desenforme o arroz em pratos individuais.
Regue com um fio de azeite extra virgem.

Tempo de preparo: 1 h 10 min
Tempo de cozimento: 30 min

TORTA SALGADA DE TOMATE E QUEIJO DE CABRA

INGREDIENTES PARA 4 PESSOAS

200 g de massa folhada
200 g de tomate coração-de-boi
60 g de queijo de cabra
150 mL de leite
1 colher de chá (5 g) de amido de milho
1 ovo
2 1/2 colheres de sopa (15 g) de queijo parmesão ralado
cebolinha
sal e pimenta-do-reino

MODO DE PREPARO

Abra a massa folhada até ficar com uma espessura de aproximadamente 3 mm.
Use a massa aberta para forrar uma forma de bolo ou 4 ramequins.
Lave e seque os tomates. Corte os tomates e o queijo de cabra em fatias.
Disponha as fatias sobre a massa folhada.
Lave, seque e pique as cebolinhas. Misture um pouco de leite ao amido de milho.
Acrescente o amido de milho dissolvido ao ovo, e junte o restante do leite, o parmesão ralado, o sal, a pimenta-do-reino e as cebolinhas picadas. Despeje a mistura sobre o tomate e o queijo de cabra.
Preaqueça o forno a 180°C. Asse por 30 min se usar a forma, ou um pouco menos se optar pelos ramequins.

Tempo de preparo: 20 min
Tempo de cozimento: 30 min

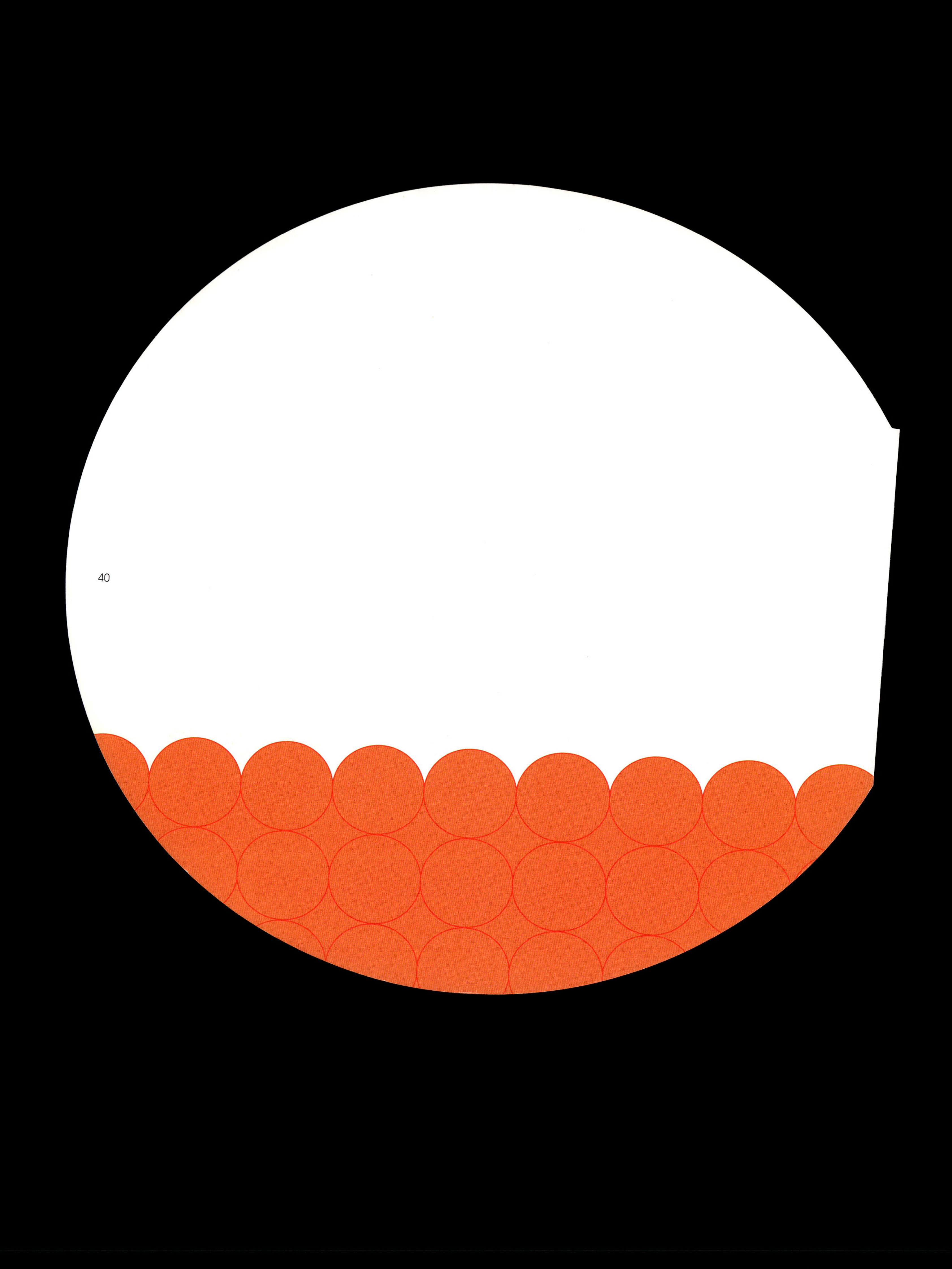

Pratos principais

MACARRÃO COM PEIXE-ESPADA, TOMATE-CEREJA E ERVA-DOCE

INGREDIENTES PARA 4 PESSOAS

300 g de tomate-cereja
300 g de peixe-espada
3 colheres de sopa (40 mL) de azeite extra virgem
300 g de *bavette* ou outra massa fina e achatada
1 dente de alho
sal e pimenta-do-reino
erva-doce
pimenta dedo-de-moça

MODO DE PREPARO

Lave e seque os tomates. Corte-os ao meio e reserve. Corte o peixe-espada em cubos. Cubra uma frigideira antiaderente com um pouco do azeite extra virgem. Leve ao fogo alto até esquentar. Adicione o peixe-espada cortado em cubos e frite até selar. Tempere com sal, pimenta-do-reino e um galho de erva-doce (previamente lavado e seco). Despeje o restante do azeite em outra frigideira. Junte o dente de alho (descascado e inteiro) e a pimenta dedo-de-moça. Frite até dourar levemente. Adicione os tomates, já temperados com sal, e refogue por mais uns 2 min. Junte o peixe. Enquanto isso, cozinhe a massa em água fervente com sal até ficar *al dente*. Escorra e despeje diretamente na panela do molho. Cozinhe rapidamente por alguns segundos e sirva em seguida.

Tempo de preparo: 20 min
Tempo de cozimento: 10 min

BUCATINI À MATRICIANA

INGREDIENTES PARA 4 PESSOAS

150 g de bochecha de porco ou *pancetta*
4 tomates em rama maduros
1 pimenta dedo-de-moça
350 g de *bucatini*
40 g de queijo *pecorino* romano ralado
sal e pimenta-do-reino

MODO DE PREPARO

Corte a bochecha de porco ou a *pancetta* em fatias e, depois, em retângulos. Leve ao fogo numa panela com pouca água. Deixe ferver em fogo baixo até a gordura derreter. Enquanto isso, retire a pele e as sementes dos tomates e corte-os em pedaços. Retire a bochecha de porco ou a *pancetta* da panela, escorra bem e reserve. Despeje os tomates na panela com a gordura deixada pela bochecha de porco ou *pancetta*. Tempere com a pimenta dedo-de-moça esmagada e um pouco de sal e pimenta-do-reino. Devolva a bochecha de porco ou a *pancetta* ao molho de tomate da panela e aqueça rapidamente. Cozinhe o *bucatini* em bastante água fervente com sal até ficar *al dente*. Escorra e acrescente o molho e o *pecorino* ralado. Misture bem e sirva quente.

Tempo de preparo: 15 min
Tempo de cozimento: 8 min

CONCHIGLIONE COM PESTO SICILIANO

INGREDIENTES PARA 4 PESSOAS

1 kg de tomate italiano ou outro adequado para molhos
1 cebola
3 colheres de sopa (50 mL) de azeite extra virgem
1 dente de alho
50 g de amêndoas picadas
50 g de *pinoli*
100 g de ricota
1 maço de manjericão
350 g de *conchiglione* (massa em formato de conchas)
pimenta dedo-de-moça
sal e pimenta-do-reino

MODO DE PREPARO

Retire a pele e as sementes dos tomates e pique-os grosseiramente. Pique a cebola e leve-a ao fogo numa frigideira com o azeite e o dente de alho (descascado e inteiro). Frite até dourar. Tempere a gosto com a pimenta dedo-de-moça. Junte as amêndoas e os *pinoli* picados. Deixe cozinhar por alguns minutos. Adicione os tomates picados e tempere com sal e pimenta-do-reino. Deixe cozinhar por aproximadamente 15 min. Acrescente a ricota ao molho (retire o alho antes). Por fim, salpique o manjericão picado. Cozinhe a massa em bastante água fervente com sal até ficar *al dente*. Escorra e envolva no molho pesto.

Tempo de preparo: 30 min
Tempo de cozimento: 12 min

GARGANELLI ALLA CRUDAIOLA

INGREDIENTES PARA 4 PESSOAS

500 g de tomate-pitanga
3 colheres de sopa (50 mL) de azeite extra virgem
10 folhas de manjericão fresco
1 dente de alho
350 g de *garganelli* ou outra massa em formato de pena
sal e pimenta-do-reino

MODO DE PREPARO

Lave e seque os tomates. Retire as sementes e corte-os em tiras. Disponha os tomates cortados em uma saladeira e tempere com o azeite extra virgem. Lave o manjericão, seque-o delicadamente e rasgue as folhas. Descasque o alho e pique-o bem fino. Salpique o manjericão e o alho sobre o tomate fatiado e tempere com sal e pimenta-do-reino. Misture com cuidado e deixe marinar em local fresco por 2 h. Enquanto isso, cozinhe a massa em bastante água fervente até ficar *al dente*. Escorra com cuidado e passe para a saladeira com os tomates. Misture bem antes de servir.

Tempo de preparo: 10 min
Tempo de descanso: 2 h
Tempo de cozimento: 9 min

NHOQUE DE BERINJELA COM BONITO, TOMATE-CEREJA E CEBOLA ROXA FRITA

INGREDIENTES PARA 4 PESSOAS

Para o nhoque

1 kg de berinjela
2 colheres de sopa (30 mL) de azeite
200 g de farinha de trigo
180 g de farinha de rosca
1 ovo
sal e pimenta-do-reino

Para o molho

250 g de filé de bonito
80 mL de azeite extra virgem
1 dente de alho
1 colher de chá (5 g) de tomilho fresco
200 g de tomate-cereja
150 g de cebola roxa
100 mL de leite
80 g de farinha de trigo
azeite de oliva para fritar

MODO DE PREPARO

Lave as berinjelas e descasque-as usando um descascador de batata. Separe parte da casca e corte em tirinhas finas (depois de fritas, elas podem ser usadas na decoração). Corte a berinjela em fatias de aproximadamente 2,5 cm de espessura. Salpique sal e deixe descansar durante 20 min para eliminar o excesso de líquido. Preaqueça o forno a 150°C. Pincele as fatias de berinjela com azeite extra virgem e asse por cerca de 45 min. Depois de assadas, passe-as no processador de alimentos e bata até formar um purê liso e homogêneo. Coloque o purê de berinjela num recipiente e deixe esfriar. Junte os demais ingredientes do nhoque, sovando a massa rapidamente. Quando a massa estiver pronta, molde-a em cilindros compridos com 2 cm de diâmetro, e depois corte-os em pedaços de 2 cm. Corte o bonito em cubos. Numa frigideira, frite-os no azeite com o dente de alho (descascado, porém inteiro) e o tomilho. Enquanto isso, lave os tomates-cereja. Retire as sementes e corte-os em quatro partes. Junte-os ao peixe na frigideira e deixe refogar por mais uns 2 min. Em seguida, retire do fogo. Corte a cebola em fatias finas. Coloque-as de molho no leite por alguns minutos. Escorra-as e empane-as na farinha de trigo. Frite-as em bastante óleo quente até ficarem crocantes. Cozinhe os nhoques em bastante água fervente com sal até começarem a boiar. Escorra-os e despeje o molho por cima. Disponha os nhoques em uma travessa, decore com as tiras fritas de berinjela e sirva com as cebolas fritas.

Tempo de preparo: 1 h 16 min
Tempo de cozimento: 6 min

SOPA DE TOMATE E PÃO

INGREDIENTES PARA 4 PESSOAS

500 g de tomates em rama maduros
100 mL de azeite extra virgem
200 g de cebola
3 dentes de alho
$^1/_2$ colher de chá (3 g) de pimenta dedo-de-moça em pó
250 mL de água
1 baguete amanhecida de mais ou menos 500 g
1 xícara de chá (20 g) de folhas de manjericão
sal e pimenta-do-reino

MODO DE PREPARO

Lave os tomates e faça um corte em X na pele deles.
Escalde-os em água fervente por 10-15 segundos. Retire-os da água e descasque-os.
Corte-os em quatro partes, retire as sementes e passe-os por uma peneira.
Leve ao fogo $^1/_3$ de xícara de chá (80 mL) de azeite. Junte as cebolas picadas grosseiramente, o dente de alho descascado e inteiro (ele será descartado no final do cozimento) e a pimenta em pó.
Refogue no azeite até que amoleçam.
Junte o purê de tomate e a água. Tampe e deixe ferver em fogo baixo. Tempere com sal e pimenta-do-reino.
Corte o pão amanhecido em cubos e toste-os em uma frigideira antiaderente sem usar gordura.
Lave, seque e rasgue as folhas de manjericão. Depois que a mistura de tomate tiver fervido por 25-30 min, junte o pão cortado em cubos e o manjericão. Cubra e deixe descansar até o pão amolecer.
Regue com um fio de azeite antes de servir.

Tempo de preparo: 10 min
Tempo de cozimento: 30 min

PENNE ALL'ARRABBIATA

INGREDIENTES PARA 4 PESSOAS

2 dentes de alho
2 colheres de sopa (30 mL) de azeite extra virgem
500 g de tomate-cereja
350 g de *penne*
1 colher de chá (5 g) de salsinha picada (opcional)
pimenta dedo-de-moça
sal

MODO DE PREPARO

Descasque e corte o alho em fatias bem finas. Aqueça o azeite numa frigideira. Adicione o alho e a pimenta dedo-de-moça a gosto. Tome cuidado para que o alho não doure demais. (Se for usar pimenta dedo-de-moça fresca, pique-a em fatias finas antes. Caso prefira usar a pimenta na versão seca, use luvas descartáveis na hora de esmigalhá-la sobre a panela.)
Lave e seque os tomates. Corte-os ao meio e adicione-os à mistura de alho e pimenta fritos. Tempere com sal e continue cozinhando em fogo médio durante cerca de 15 min, mexendo de vez em quando. Enquanto isso, cozinhe o *penne* em bastante água fervente com sal até ficar *al dente*.
Escorra, coloque em uma tigela e despeje o molho por cima.
Salpique a salsinha picada antes de servir.

Tempo de preparo: 30 min
Tempo de cozimento: 9 min

PIZZA NAPOLITANA

INGREDIENTES PARA 4 PESSOAS

Para a massa
1 colher de chá (5 g) de levedo de cerveja
650 g de farinha de trigo ou farinha especial para pizza
375 mL de água
3 colheres de chá (18 g) de sal

Para a cobertura da pizza
400 g de tomate
200 g de purê de tomate
500 g de mozarela de búfala
$^1/_2$ maço de manjericão
azeite extra virgem
sal

MODO DE PREPARO

Dissolva o levedo em um pouco de água morna. Numa bancada, misture a farinha, a água e o levedo, formando uma massa. Sove-a. Dissolva o sal em um pouco de água e acrescente à massa por último. Cubra-a com filme plástico e deixe descansar em local quente até que ela dobre de tamanho (dependendo da temperatura ambiente, isso pode levar de 1 a 4 h).
Divida a massa em 4 porções, moldando cada uma no formato de bola. Cubra novamente com filme plástico, coloque em local quente e deixe a massa descansar até dobrar de volume (dependendo da temperatura ambiente, isso pode levar de 30-90 min). Enfarinhe a bancada. Com as mãos, achate as bolas de massa, começando com a ponta dos dedos até chegar a um movimento circular das mãos.
Corte os tomates em fatias ou cubinhos. Tempere o purê de tomate com sal e azeite.
Espalhe essa mistura sobre os discos de pizza e coloque os tomates cortados em cima.
Escorra bem a mozarela de búfala e esmigalhe-a sobre as pizzas. Preaqueça o forno a 250°C.
Disponha as pizzas em uma assadeira e asse durante cerca de 8 min.
Retire-as do forno e decore com as folhas de manjericão, cuidadosamente lavadas e secas.

Tempo de preparo: 30 min
Tempo de descanso: 1 h 30 min-5 h 30 min
Tempo de cozimento: 8 min

RISOTO DE TOMATE

INGREDIENTES PARA 4 PESSOAS

500 g de tomates em rama
1 cebola pequena
1 colher de sopa (15 mL) de azeite extra virgem
300 g de arroz para risoto
100 mL de vinho branco seco
1,5 L de caldo de legumes
60 g de manteiga
80 g de queijo parmesão ralado
sal

MODO DE PREPARO

Retire a pele e as sementes dos tomates. Corte-os em cubos e reserve.
Pique a cebola. Leve $\frac{1}{3}$ da cebola ao fogo em uma frigideira com $\frac{1}{3}$ do azeite. Refogue até dourar.
Junte os tomates, tempere com sal e deixe cozinhar em fogo alto durante 10 min. Depois que a mistura de cebola e tomate tiver cozinhado, bata no liquidificador até formar um purê. Mantenha esse purê aquecido.
Enquanto isso, em outra panela, refogue o restante da cebola em 4 colheres de sopa (20 g) de manteiga, até a cebola ficar macia. Junte o arroz e mexa para incorporá-lo ao refogado. Acrescente o vinho.
Deixe cozinhar em fogo baixo até evaporar, misturando sempre.
Continue cozinhando. Adicione metade da mistura de purê de tomate. Vá juntando o caldo de legumes aos poucos, mexendo sem parar. Depois de mais ou menos 10 min, junte os tomates cortados em cubos.
Depois que a mistura de tomate e arroz estiver cozida, verifique o sal. Retire do fogo.
Junte o restante da manteiga e o queijo parmesão ralado.
Decore com o restante do molho de tomate.

Tempo de preparo: 30 min
Tempo de cozimento: 16-18 min

ESPAGUETE COM MOLHO DE TOMATE

INGREDIENTES PARA 4 PESSOAS

1 kg de tomates em rama
1 cebola ou cebolinha
1 dente de alho
2 colheres de sopa (30 mL) de azeite extra virgem
350 g de espaguete
1 colher de chá (5 g) de salsinha picada (opcional)
sal e pimenta-do-reino

MODO DE PREPARO

Retire a pele e as sementes dos tomates. Corte-os em cubinhos de 1 cm. Em uma frigideira, refogue a cebola ou cebolinha picadas em azeite até dourar, junto com o dente de alho (descascado, porém inteiro). Quando a cebola estiver dourada, junte os tomates cortados em cubos. Tempere com sal e pimenta. Cozinhe o molho em fogo médio durante cerca de 10 min, mexendo de vez em quando. Quando estiver cozido, retire o dente de alho. Cozinhe o espaguete em água fervente com sal até ficar *al dente*. Escorra com cuidado e despeje o molho sobre a massa. Se desejar, decore com salsinha picada.

Tempo de preparo: 30 min
Tempo de cozimento: 8 min

ESPAGUETE COM RICOTA E TOMATE-UVA MARINADO

INGREDIENTES PARA 4 PESSOAS

300 g de tomate-uva
1 dente de alho
3 colheres de sopa (50 mL) de azeite extra virgem
350 g de espaguete
30 g de queijo *pecorino* ralado

150 g de ricota
1 maço de manjericão
hortelã
cebolinha
tomilho
salsinha
sal e pimenta-do-reino

MODO DE PREPARO

Com cuidado, lave e seque as ervas. Corte-as em tiras bem finas e coloque em uma tigela. Lave e seque os tomates. Corte-os em quatro partes. Descasque e esmague o dente de alho. Junte os tomates e o alho às ervas picadas. Regue com bastante azeite e tempere com sal e pimenta-do-reino. Deixe marinar por pelo menos 30 min.
Cozinhe o espaguete em água fervente com sal até ficar *al dente*.
Escorra, reservando um pouco da água do cozimento para misturar à ricota.
Em uma frigideira, refogue rapidamente a massa com os tomates marinados e a ricota.
Salpique queijo *pecorino* ralado por cima antes de servir.

Tempo de preparo: 40 min
Tempo de cozimento: 8 min

TAGLIATELLE COM MOLHO À BOLONHESA

INGREDIENTES PARA 4 PESSOAS

Para o tagliatelle
300 g de farinha de trigo
3 ovos

Para o molho
40 g de cenoura (1 unidade pequena)
40 g de aipo (2 talos pequenos)
40 g de cebola ($^{1}/_{2}$ unidade amarela)
100 mL de azeite extra virgem
150 g de banha
2 folhas de louro
150 g de paleta suína moída
150 g de carne bovina moída
100 mL de vinho tinto
500 g de tomate italiano
1 colher de sopa (20 g) de extrato de tomate
160 mL de água
40 g de queijo parmesão ralado
sal e pimenta-do-reino

MODO DE PREPARO

Misture a farinha com os ovos até obter uma massa lisa e homogênea. Cubra a massa com filme plástico e deixe descansar na geladeira por 30 min. Retire a massa da geladeira. Com um rolo de macarrão, abra-a até ficar com 1 mm de espessura. Corte-a em tiras de 6 mm de largura – está pronto o *tagliatelle*. Espalhe as tiras de massa em uma superfície levemente enfarinhada.
Lave, seque e pique os legumes. Numa panela média, junte o azeite, a banha picada, os legumes e o louro (rasgado à mão). Refogue em fogo médio. Quando os ingredientes dourarem, junte as carnes moídas. Refogue mexendo rápido em fogo alto. Junte o vinho tinto e deixe cozinhando até todo o líquido evaporar. Baixe o fogo e junte os tomates picados e o extrato de tomate. Tempere com sal e pimenta-do-reino. Continue cozinhando em fogo baixo por mais ou menos 1 h, acrescentando um pouco de água se necessário. Cozinhe o *tagliatelle* em bastante água fervente com sal até ficar *al dente*. Escorra e passe para uma tigela com o molho. Salpique o queijo parmesão ralado, mexa bem e sirva.

Tempo de preparo: 1 h 30 min
Tempo de cozimento: 3-4 min

SOPA DE TOMATE

INGREDIENTES PARA 4 PESSOAS

1 kg de tomates em rama
1 xícara (20 g) de manjericão
100 g de cebola (1 $^{1}/_{2}$ unidade pequena)
1 dente de alho
100 mL de azeite extra virgem
200 g de pão amanhecido
sal e pimenta-do-reino

MODO DE PREPARO

Lave os tomates e faça um corte em X na pele deles. Escalde-os em água fervente por 10 a 15 segundos. Retire-os da água e descasque-os. Corte-os em quatro partes, retire as sementes e passe-os por uma peneira. Reserve.

Lave e seque o manjericão. Pique a cebola grosseiramente. Numa frigideira, refogue-a em azeite junto com o dente de alho descascado, porém inteiro, uma vez que será descartado no final. Junte o purê de tomate reservado e deixe cozinhar em fogo baixo. Tempere com sal, pimenta-do-reino e manjericão.

Corte o pão em fatias e toste-as em uma frigideira antiaderente sem usar gordura.

Bata o purê no liquidificador e, se desejar, decore com tomate e manjericão.

Sirva com as torradinhas.

Tempo de preparo: 10 min
Tempo de cozimento: 30 min

Acompanhamentos

ANCHOVAS COM TOMATE, ALCAPARRA E AZEITONA PRETA

INGREDIENTES PARA 4 PESSOAS

800 g de anchova fresca
200 g de tomate italiano
$^{1}/_{2}$ xícara (30 g) de salsinha picada
1 dente de alho
2 colheres de sopa (30 mL) de azeite extra virgem

30 g de anchova conservada em sal
70 mL de vinho branco
1 colher de sopa (10 g) de alcaparra lavada em água corrente
80 g de azeitona preta
sal

MODO DE PREPARO

Limpe a anchova, corte-a e retire as espinhas. Abra-a como um livro e reserve. Lave e pique o tomate. Lave e seque a salsinha picada. Pique bem o alho. Em uma panela, aqueça o azeite. Adicione o alho e a salsinha. Frite até ficarem transparentes, mas sem dourar. Despeje o vinho branco. Quando a bebida evaporar, junte o tomate picado. Enquanto isso, lave a anchova conservada em sal para dessalgá-la. Retire as espinhas e pique grosseiramente. Acrescente a anchova picada e a alcaparra à panela. Deixe cozinhar por alguns minutos. Por fim, junte a anchova fresca e a azeitona. Continue cozinhando por mais alguns minutos. Tempere com uma pitada de sal e sirva.

Tempo de preparo: 20 min
Tempo de cozimento: 15 min

ESCALOPES DE VITELA À MODA NAPOLITANA

INGREDIENTES PARA 4 PESSOAS

500 g de tomate-uva (*sweet grape*)
3 colheres de sopa (40 mL) de azeite extra virgem
8 escalopes de vitela (60 g cada)
120 g de queijo *pecorino* ralado
1 colher de chá (5 g) de salsinha picada
50 g de farinha de trigo
sal e pimenta-do-reino

MODO DE PREPARO

Lave os tomates e corte-os ao meio. Aqueça metade do azeite em uma frigideira e acrescente os tomates. Cozinhe durante 20 min, adicionando uma colher de água se achar necessário. Tempere com sal e pimenta-do-reino. Enquanto isso, bata os escalopes para afiná-los. Salpique o queijo *pecorino* ralado e a salsinha sobre os escalopes. Em seguida, enrole-os no formato de rocambole. Prenda os rolinhos usando um barbante ou palito de dente. Empane os rolinhos em um pouco de farinha e frite-os em uma frigideira com o restante do azeite por alguns minutos. Tempere com sal e pimenta-do-reino. Retire-os e coloque-os na panela com o molho de tomate. Cozinhe por mais alguns minutos e sirva em seguida.

Tempo de preparo: 20 min
Tempo de cozimento: 30 min

MEXILHÕES ALLA MARINARA

INGREDIENTES PARA 4 PESSOAS

1 kg de mexilhões
1 dente de alho
4 colheres de sopa (60 mL) de azeite extra virgem
100 mL de vinho branco
200 g de tomate italiano
1 baguete pequena (200 g)
salsinha
pimenta dedo-de-moça
sal

MODO DE PREPARO

Limpe os mexilhões com cuidado e reserve. Descasque e pique o alho. Lave, seque e pique a salsinha. Aqueça o azeite em uma frigideira grande e junte o alho, a salsinha e a pimenta. Frite até ficarem transparentes, mas sem deixar dourar. Despeje o vinho branco e deixe cozinhar para evaporar. Enquanto isso, retire a pele e as sementes dos tomates. Corte-os em cubinhos e junte à frigideira. Adicione os mexilhões e cozinhe-os até abrirem. Regue com um fio de azeite extra virgem e sirva com a baguete cortada em fatias e tostada no forno ou na grelha.

Tempo de preparo: 20 min
Tempo de cozimento: 5 min

FILÉ DE ROBALO COM TOMATE-CEREJA, ALCAPARRA E AZEITONA

ingredientes para 4 pessoas

500 g de robalo
200 g de tomate-cereja
4 colheres de sopa (60 mL) de azeite extra virgem
2 colheres de sopa (20 g) de alcaparra
100 g de azeitonas verdes (36 unidades)
salsinha
sal e pimenta-do-reino

modo de preparo

Limpe o robalo e retire a pele. Lave-o e corte-o em filés. Lave e seque os tomates. Corte-os ao meio. Coloque os filés em uma frigideira com um pouco do azeite. Em seguida, junte os tomates. Tempere com sal e pimenta-do-reino. Lave as alcaparras em água corrente e adicione-as à mistura da frigideira. Antes de tampar, regue com o azeite restante. Deixe cozinhar durante 15 min em fogo baixo ou forno médio, acrescentando um pouco de água se necessário. Ao final do cozimento, junte as azeitonas e salpique a salsinha picada.

Tempo de preparo: 20 min
Tempo de cozimento: 15 min

MIL-FOLHAS DE CAMARÃO GRAÚDO COM TOMATE ASSADO E AZEITE AROMATIZADO COM MANJERICÃO

INGREDIENTES PARA 4 PESSOAS

16 camarões graúdos
30 g de manjericão fresco
3 colheres de sopa (40 mL) de azeite extra virgem
100 g de folhas de salada variadas
sal e pimenta-do-reino

Para o tomate assado
1,2 kg de tomate em rama maduro
10 g de tomilho
1 dente de alho
2 colheres de chá (10 mL) de azeite extra virgem
sal e pimenta-do-reino
açúcar

MODO DE PREPARO

Retire a casca dos camarões. Tempere com sal, pimenta-do-reino e um pouco do azeite. Deixe marinar. Lave e seque os tomates. Coloque-os em água fervente por 30 segundos e depois mergulhe-os em água gelada para esfriar rapidamente. Corte os tomates em quatro partes e retire as sementes.
Disponha-os em uma assadeira forrada com papel-manteiga. Tempere-os com o tomilho, o alho fatiado e uma pitada de sal, pimenta-do-reino e açúcar. Preaqueça o forno a 80°C e asse os tomates por 1 h.
Forre outra assadeira com papel-manteiga. Disponha quatro cortadores de massa e/ou de biscoito sobre o papel. Preencha-os alternando camadas de tomate e de camarão. Termine com uma camada de tomate.
Preaqueça o forno a 150°C. Leve a assadeira ao forno e asse por 6 min.
Enquanto isso, escalde o manjericão em água fervente por alguns minutos.
Escorra e coloque imediatamente em água com gelo.
Retire o manjericão da água e bata-o com o restante do azeite, usando um *mixer* de mão.
Retire os cortadores do forno. Sirva os mil-folhas com salada mista e o azeite de manjericão.

Tempo de preparo: 1 h 36 min
Tempo de cozimento: 6 min

CAÇÃO
À MODA DO LIVORNO

INGREDIENTES PARA 4 PESSOAS

1 cebola
1 dente de alho
4 colheres de sopa (60 mL) de azeite extra virgem
800 g de cação cortado em postas
100 mL de vinho branco
500 g de tomate em rama
sal e pimenta-do-reino
salsinha

MODO DE PREPARO

Pique a cebola e o dente de alho já descascado. Aqueça o azeite em uma frigideira e junte a cebola e o alho. Frite até ficarem transparentes, sem dourar. Adicione o peixe cortado e deixe fritar dos dois lados. Acrescente o vinho branco e deixe cozinhar para evaporar. Enquanto isso, retire a pele e as sementes dos tomates. Corte-os em cubinhos e coloque-os na frigideira. Cozinhe por aproximadamente 15 min. Tempere com sal e pimenta-do-reino, adicionando um pouco de água se achar necessário. Lave, seque e pique a salsinha. Salpique-a sobre o molho no final do cozimento.

Tempo de preparo: 20 min
Tempo de cozimento: 15 min

FRANGO À CAÇADORA

INGREDIENTES PARA 4 PESSOAS

1 frango
1 cebola
1 cenoura
1 talo de aipo
1 folha de louro
1 ramo de alecrim
1 ramo de sálvia
1 dente de alho
100 mL de azeite extra virgem
200 mL de vinho branco
1 kg de tomates em rama
sal e pimenta-do-reino
caldo de frango

MODO DE PREPARO

Corte o frango e separe em 4 ou 8 porções, conforme desejar. Tempere com sal e pimenta-do-reino e frite levemente em uma panela com azeite. Lave a cebola, a cenoura e o aipo. Corte-os em tiras finas e reserve. Amarre o louro ao alecrim e à sálvia. Em outra panela, aqueça o azeite. Junte os legumes picados, as ervas amarradas e o dente de alho descascado, porém inteiro. Frite tudo até dourar. Adicione o frango já refogado e o vinho branco. Lave os tomates, retire as sementes e corte-os em pedaços pequenos. Cozinhe até o vinho evaporar e, então, junte os tomates. Continue cozinhando por cerca de 30 min, adicionando o caldo de frango até formar um molho relativamente espesso. Despeje mais caldo se ele evaporar demais. Depois de tudo cozido, retire a amarra de ervas e sirva o frango com bastante molho.

Tempo de preparo: 30 min
Tempo de cozimento: 30 min

ESCALOPES DE VITELA À PIZZAIOLA

INGREDIENTES PARA 4 PESSOAS

8 fatias de pão de forma (opcional)
8 escalopes de vitela (60 g cada)
4 colheres de sopa (60 mL) de azeite extra virgem
500 g de tomate italiano
4 $^1/_2$ colheres de sopa (40 g) de alcaparra
farinha de trigo
sal
orégano

MODO DE PREPARO

Retire a casca das fatias de pão. Toste-as no forno ou na grelha caso pretenda usá-las como base para os escalopes.
Limpe os escalopes e bata-os delicadamente. Aqueça o azeite em uma frigideira e junte os escalopes, levemente empanados em farinha. Frite-os rapidamente dos dois lados. Tempere com sal e reserve em local aquecido.
Lave e seque os tomates. Corte-os em cubos. Na mesma panela usada para fritar os escalopes, cozinhe os tomates em fogo alto durante 5 min. Adeque o tempero, adicionando um pouco de sal se necessário, bem como um pouco de orégano e as alcaparras previamente lavadas. Devolva os escalopes à panela e, rapidamente, termine o cozimento.
Se desejar, sirva com torradas.

Tempo de preparo: 30 min
Tempo de cozimento: 10 min

OVOS
COM TOMATE

INGREDIENTES PARA 4 PESSOAS

600 g de tomate
3 colheres de sopa (50 mL) de azeite extra virgem
4 ovos
1 maço pequeno de cebolinha
sal

MODO DE PREPARO

Lave e seque os tomates. Corte em cubinhos de 1 cm. Em uma frigideira, aqueça metade do azeite. Junte os tomates. Tempere com sal e frite rapidamente em fogo alto por 1 a 2 min.
Enquanto isso, aqueça o restante do azeite em outra frigideira. Disponha cortadores de biscoito ou modeladores redondos na frigideira. Com cuidado, quebre os ovos dentro deles.
Cozinhe em fogo médio até as claras firmarem. Salpique sal sobre as claras.
Usando um modelador limpo, coloque os tomates no prato e, com o auxílio de uma espátula, disponha o ovo frito sobre os tomates. Decore com cebolinhas lavadas e secas.

Tempo de preparo: 10 min
Tempo de cozimento: 5 min

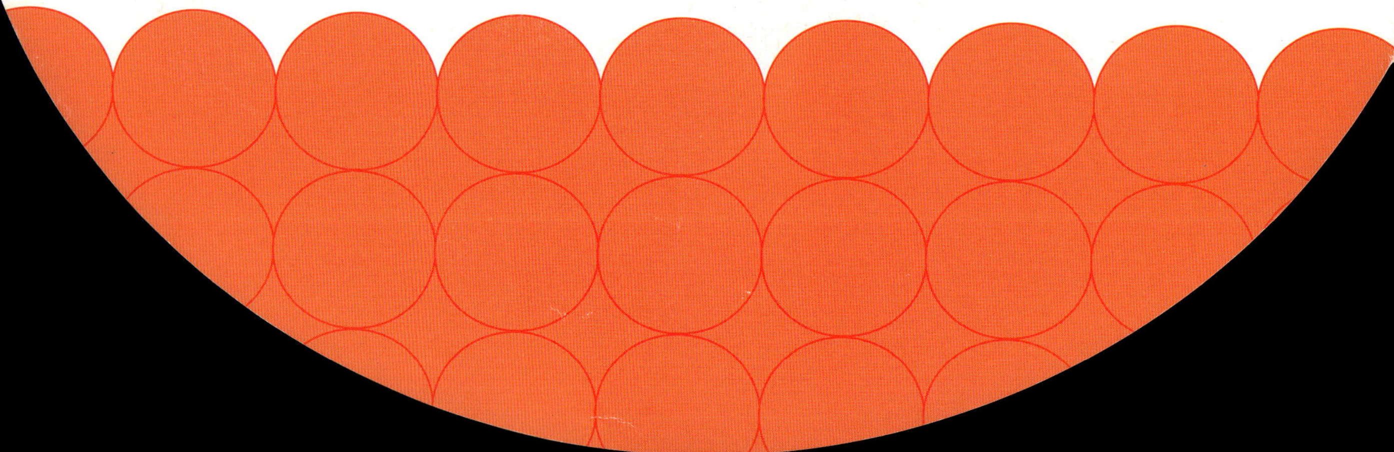

Pratos vegetarianos

ENSOPADO DE FEIJÃO-BRANCO

INGREDIENTES PARA 4 PESSOAS

200 g de feijão-branco
200 g de tomate
1 colher de sopa (10 g) de salsinha picada
1 ramo de tomilho
1 dente de alho
2 colheres de sopa (30 mL) de azeite extra virgem
sal e pimenta-do-reino

MODO DE PREPARO

Deixe o feijão-branco de molho em água por 12 h. Escorra e leve para cozinhar em água fervente sem sal por 15 a 20 min. Enquanto isso, retire a pele e as sementes dos tomates. Corte-os em cubos. Lave e seque a salsinha e o tomilho. Pique a salsinha e o alho. Em uma panela, aqueça o azeite. Junte a salsinha, o alho e o ramo de tomilho inteiro. Escorra um pouco o feijão-branco cozido. Adicione-o aos tomates cortados em cubos. Tempere com um pouco de sal e pimenta-do-reino e cozinhe por mais alguns minutos. Sirva salpicado com pimenta-do-reino.

Tempo de molho: 12 h – Tempo de preparo: 15 min
Tempo de cozimento: 40 min

MIL-FOLHAS VEGETARIANO

INGREDIENTES PARA 4 PESSOAS

200 g de alho-poró
100 mL de leite
200 g de pimentão amarelo
6 berinjelas
200 g de cebola roxa
250 g de abobrinha
300 g de tomate para salada
200 g de funcho
200 g de abóbora
150 g de *radicchio*
150 g de aipo ralado
3 colheres de sopa (50 mL) de azeite extra virgem
farinha de trigo
óleo para fritar
sal e pimenta-do-reino
suco de limão

MODO DE PREPARO

Lave todos os legumes. Corte a parte branca do alho-poró em tiras. Deixe de molho durante 10 min no leite. Em seguida, escorra bem. Empane em farinha e frite em bastante óleo fervente. Escorra e coloque sobre papel-toalha para retirar o excesso de gordura. Tempere com sal e reserve. Asse os pimentões no forno ou na grelha. Descasque-os e corte em rodelas. Corte a berinjela, a cebola, a abobrinha, os tomates e o funcho em discos de aproximadamente 3 mm de espessura. Corte a abóbora e o *radicchio* em fatias e depois em discos de 3 mm, usando um cortador de massa. Cozinhe o aipo ralado por 5 min em água fervente com sal e um pouco de suco de limão. Em outra panela, cozinhe a abóbora durante 1 min. Cozinhe a berinjela, a cebola, a abobrinha, o aipo, a abóbora, o funcho e o *radicchio* na grelha, ou regue com azeite e leve para assar no forno. Tempere todos os legumes com sal e pimenta-do-reino e um fio de azeite. Deixe marinando em uma tigela durante, no mínimo, 15 min. Monte o mil-folhas fazendo camadas com os legumes. Decore com o alho-poró frito.

Tempo de preparo: 45 min

PANZANELLA

INGREDIENTES PARA 4-6 PESSOAS

1 kg de pão amanhecido
200 g de tomate em rama
1 dente de alho picado
30 g de filé de anchova
1 colher de sopa (10 g) de alcaparra lavada em água corrente
½ colher de chá (3 g) de sal
1 colher de sopa (15 mL) de vinagre de vinho tinto
80 mL de azeite extra virgem
120 g de pepino (sem as sementes)
150 g de cebola roxa
250 g de pimentão
1 maço de manjericão
pimenta-do-reino moída

MODO DE PREPARO

Corte o pão em cubos de aproximadamente 2 cm, sem retirar a casca. Em seguida, corte os tomates em cubos também de 2 cm. Pique o alho, com a anchova e as alcaparras. Coloque em uma tigela grande. Tempere com sal, pimenta-do-reino moída, vinagre e azeite. Misture bem. Enquanto isso, lave e seque os demais legumes. Corte-os em cubos e coloque-os na tigela com o pão. Misture bem e acrescente mais sal e pimenta-do-reino se achar necessário. Decore com o manjericão previamente lavado e seco.

DICA DO CHEF

A *panzanella* fica ainda mais saborosa quando preparada na véspera e deixada na geladeira da noite para o dia. Assim, os sabores ficam mais apurados.

Tempo de preparo: 15 min

PEPERONATA

INGREDIENTES PARA 4 PESSOAS

100 g de cebola
3 colheres de sopa (50 mL) de azeite extra virgem
1 colher de sopa (10 g) de alcaparra
1 dente de alho
500 g de pimentão
500 g de tomate italiano
sal e pimenta-do-reino

MODO DE PREPARO

Corte a cebola em fatias. Frite-as em uma frigideira com o azeite, as alcaparras picadas e o dente de alho descascado, porém inteiro. Lave e seque o pimentão. Corte-o em pedaços grandes e, em seguida, junte-o à mistura de cebola e alcaparra da frigideira. Tempere com sal e pimenta-do-reino. Cozinhe por aproximadamente 15 min. Enquanto isso, lave e seque os tomates. Corte-os em fatias, coloque-as na frigideira e cozinhe por mais 15 min.

Tempo de preparo: 15 min
Tempo de cozimento: 30 min

CAPONATA DE TOMATE

INGREDIENTES PARA 4 PESSOAS

500 g de tomate-pitanga
1 berinjela
50 g de cebola roxa
50 g de aipo
100 g de abobrinha
1 dente de alho
100 mL de azeite extra virgem
2 colheres de sopa (20 g) de alcaparra
2 colheres de sopa (15 g) de *pinoli*
1 colher de sopa de vinagre
1 colher de sopa (10 g) de açúcar
2 colheres de sopa (15 g) de pistache sem casca
1 maço de manjericão
tomilho
sal e pimenta-do-reino

MODO DE PREPARO

Lave todos os legumes. Corte um dos tomates em fatias com 6 mm de espessura e cozinhe-as rapidamente na grelha. Retire as sementes dos tomates restantes e corte-os em cubos. Corte a berinjela em cubinhos também. Tempere com sal e deixe escorrer. Frite em azeite. Corte a cebola, o aipo e a abobrinha em cubinhos. Frite a cebola e o aipo em azeite até dourarem. Junte a abobrinha e refogue rapidamente. Adicione as alcaparras e os *pinoli*. Acrescente a berinjela e o tomate cortado em cubos. Tempere com sal e pimenta-do-reino. Cozinhe em fogo baixo durante cerca de 20 min. Ao final do cozimento, acrescente o vinagre e o açúcar. Em seguida, o pistache. Sirva a *caponata* sobre as fatias de tomate grelhadas. Tempere com manjericão e tomilho.

Tempo de preparo: 30 min
Tempo de cozimento: 25 min

TOMATE RECHEADO ASSADO

INGREDIENTES PARA 4 PESSOAS

4 tomates em rama
3 colheres de sopa (50 mL) de azeite extra virgem
100 g de carne bovina moída
2 ovos
½ xícara (50 g) de queijo parmesão ralado
2 ½ colheres de sopa (50 g) de farinha de rosca
sal e pimenta-do-reino
noz-moscada

MODO DE PREPARO

Lave os tomates e corte a parte de cima. Retire as sementes e o líquido, preservando a polpa. Em uma panela, aqueça ¾ do azeite. Junte a carne moída e refogue-a até dourar. Em seguida, adicione a polpa de tomate. Cozinhe por alguns minutos para que o excesso de líquido evapore. Depois, tempere com sal e pimenta-do-reino. Passe tudo para uma tigela e deixe esfriar um pouco. Junte os ovos, o parmesão ralado (reservando uma colher dele para a finalização do prato) e a farinha de rosca. Verifique o tempero e acrescente noz-moscada ralada. Com o auxílio de uma colher ou de um saco de confeitar, recheie os tomates com essa mistura. Disponha-os em uma assadeira untada com um pouco de azeite. Salpique o restante do parmesão e regue com um fio de azeite. Asse a 180°C por aproximadamente 30 min. Sirva os tomates recheados logo depois de retirá-los do forno, ou frios, como preferir.

Tempo de preparo: 30 min
Tempo de cozimento: 30 min

RATATOUILLE

INGREDIENTES PARA 4 PESSOAS

200 g de berinjela
300 g de abobrinha
100 g de pimentão vermelho
100 g de pimentão amarelo
200 g de tomate-uva (*sweet grape*)
180 g de cebola roxa
100 mL de azeite extra virgem
1 dente de alho
4 folhas de manjericão
sal e pimenta-do-reino

MODO DE PREPARO

Lave e seque a berinjela, a abobrinha e os pimentões. Corte-os em cubos de 2 cm. Lave os tomates e corte-os ao meio. Descasque a cebola e corte-a em rodelas. Aqueça o azeite em uma frigideira em fogo médio. Junte o alho descascado, mas inteiro, e a cebola. Frite tudo até amolecer. Em seguida, adicione o pimentão cortado. Alguns minutos depois, acrescente a berinjela e, depois, a abobrinha. Frite por alguns minutos. Junte os tomates e tempere com sal e pimenta-do-reino. Continue cozinhando em fogo baixo. Enquanto isso, lave e seque as folhas de manjericão. Rasgue-as e junte-as à mistura de tomate.

Tempo de preparo: 10 min
Tempo de cozimento: 20 min

Conservas, molhos e sobremesas

BAGNETTO ROSSO: MOLHO VERMELHO

INGREDIENTES PARA 4 PESSOAS

1 kg de tomate-cereja
150 g de cebola
100 g de cenoura
70 g de aipo
50 g de pimentão
2 dentes de alho
1 colher de chá (5 g) de salsinha picada
2 colheres de sopa (30 mL) de azeite extra virgem
1 maço de manjericão
pimenta dedo-de-moça
1 colher de sopa (20 g) de extrato de tomate
sal e pimenta-do-reino

MODO DE PREPARO

Retire a pele e as sementes dos tomates-cereja. Corte-os em quatro partes e reserve. Pique a cebola, a cenoura, o aipo, o pimentão e o alho. Frite-os rapidamente em uma frigideira com um pouco de azeite até dourarem. Quando os legumes amolecerem, junte a salsinha, o manjericão e a pimenta dedo-de-moça. Depois de dois minutos, junte os tomates-cereja e o extrato de tomate. Tempere com sal e pimenta-do-reino. Cozinhe em fogo baixo durante 2 h, mexendo de vez em quando. Ao final do cozimento, acerte o tempero, adicionando um pouco mais de sal e pimenta dedo-de-moça se achar necessário.

Tempo de preparo: 15 min
Tempo de cozimento: 2 h

BALAS DE TOMATE

INGREDIENTES PARA 4 PESSOAS

500 g de tomate em rama
½ xícara (85 g) de açúcar
3 colheres de chá (10 g) de ágar-ágar ou de gelatina em pó sem sabor

MODO DE PREPARO

Retire a pele e a semente dos tomates. Bata-os no liquidificador para formar um purê.
Misture o açúcar com o ágar-ágar ou a gelatina e, depois, junte ao purê de tomate.
Despeje a mistura em uma panela e leve ao fogo. Deixe levantar fervura, mexendo sem parar.
Continue fervendo por mais 1 a 2 min. Despeje a massa em forminhas ou em uma assadeira de borda alta.
Deixe esfriar durante 1 h. Quando a mistura estiver fria, corte-a em cubos ou no formato desejado.

Tempo de preparo: 30 min
Tempo de cozimento: 2 min
Tempo de descanso: 1 h

CHUTNEY DE TOMATE VERDE

INGREDIENTES PARA 4 PESSOAS

500 g de tomates verdes
150 g de açúcar
1 limão siciliano

MODO DE PREPARO

Lave e seque os tomates. Retire as sementes e corte-os em tiras de aproximadamente 6 mm de largura. Coloque o tomate cortado em uma tigela de vidro com o açúcar. Cubra com filme plástico e deixe descansar até o dia seguinte. No dia seguinte, lave o limão, raspe a casca e esprema o suco. Despeje a mistura de tomate em uma panela. Acrescente o suco e as raspas da casca do limão. Cozinhe durante cerca de 45 min, mexendo sem parar, até a mistura adquirir a consistência de uma geleia espessa. Preaqueça o forno a 100°C. Leve os potes que vão armazenar o *chutney* ao forno durante 15 min. Retire-os do forno e, imediatamente, despeje a mistura do *chutney* dentro deles. Feche os potes de imediato. Essa medida formará o vácuo necessário para aumentar a validade do *chutney*. Deixe os potes de cabeça para baixo até esfriarem totalmente. Depois, guarde-os em local fresco.

Tempo de preparo: 15 min
Tempo de descanso: 12 h
Tempo de cozimento: 45 min

CONSERVA DE TOMATE

INGREDIENTES PARA CERCA DE 800 G DE CONSERVA

1 kg de tomate italiano
manjericão
sal

MODO DE PREPARO

Lave os tomates e, com uma faca pequena, faça neles um corte em X. Mergulhe-os durante 30 segundos em uma panela com água fervente. Com uma escumadeira, retire-os da água fervente e coloque-os para esfriar em uma tigela com água e gelo para facilitar a retirada da pele.
Retire a pele dos tomates, corte-os ao meio e salpique sal. Deixe-os descansando para escorrer o líquido.
Depois, corte-os em cubos. Lave e seque delicadamente o manjericão.
Coloque os cubos de tomate e o manjericão em um pote de conserva. Vede-os.
Enrole os potes em um pano de prato para evitar que quebrem. Disponha-os em uma panela grande, cubra com água e deixe ferver. Continue fervendo em fogo baixo durante 20 min.
Deixe que os potes esfriem na água de fervura.
Verifique se estão hermeticamente vedados e guarde-os em local fresco e escuro.

Tempo de preparo: 1 h

MOLHO DE TOMATE EM CONSERVA

INGREDIENTES PARA APROXIMADAMENTE 750 G DE MOLHO

1 kg de tomate italiano

MODO DE PREPARO

Lave os tomates. Com uma faca pequena, faça neles um corte em X. Mergulhe-os durante 30 segundos em uma panela com água fervente. Com uma escumadeira, retire-os da água fervente e coloque-os para esfriar em uma tigela com água e gelo para facilitar a retirada da pele. Passe-os por uma peneira (ou processador) para retirar a pele e as sementes. Despeje o tomate peneirado nos potes e vede-os.
Enrole os potes em um pano de prato para evitar que quebrem. Disponha-os em uma panela grande, cubra com água e deixe ferver. Continue fervendo em fogo baixo durante 20 min. Deixe que os potes esfriem na água de fervura. Depois, verifique se estão hermeticamente vedados e guarde-os em local fresco e escuro.

Tempo de preparo: 1 h

ACADEMIA BARILLA

EMBAIXADORA DA GASTRONOMIA ITALIANA PELO MUNDO

No coração de Parma, uma das capitais mais importantes da culinária italiana, está o Centro Barilla. Estabelecido nas fundações da antiga fábrica de macarrão Barilla, esse moderno complexo arquitetônico é a sede da Academia Barilla. Ela foi fundada em 2004 a fim de promover a arte da culinária italiana, protegendo a herança da gastronomia regional e salvaguardando-a de imitações e falsificações, ao mesmo tempo que incentiva as enormes tradições da indústria italiana de restaurantes. A Academia Barilla é também um centro de grande profissionalismo e talento, que a tornam excepcional no mundo da gastronomia. Ministra aulas de culinária para os apreciadores desta arte, oferece serviços para aqueles envolvidos na indústria de restaurantes e fornece produtos da mais alta qualidade. Em 2007, a Academia Barilla foi condecorada com o "Premio Impresa-Cultura" por suas campanhas de incentivo à cultura e à criatividade da gastronomia italiana no mundo. O centro foi projetado para atender às exigências de treinamento do mundo da culinária e é equipado com todas as facilidades de multimídia necessárias na elaboração de grandes eventos. Nos entornos do notável auditório gastronômico estão um restaurante, um laboratório para análises sensoriais e várias salas de aula equipadas com a tecnologia mais moderna. A Biblioteca Gastronômica possui 10.000 livros e uma extraordinária coleção de cardápios históricos e publicações relacionadas à culinária. A vasta herança cultural da biblioteca pode ser consultada pela internet, o que viabiliza o acesso a milhares de textos históricos digitalizados. Essa abordagem vanguardista e a presença de uma equipe de especialistas de fama internacional permitem à Academia Barilla oferecer uma vasta gama de cursos, atendendo à demanda tanto de chefs de restaurantes como de apreciadores da gastronomia. Além disso, a Academia Barilla organiza eventos culturais e atividades que têm o objetivo de desenvolver a arte da culinária e que são abertos ao público e supervisionados por especialistas, chefs e críticos gastronômicos. Ela organiza também o "Prêmio de Cinema da Academia Barilla", para filmes de curta-metragem voltados às tradições da culinária italiana.

www.academiabarilla.com

128

Título do original em inglês: *Tomatoes – 50 easy recipes*

Este livro contempla as regras do Acordo Ortográfico da Língua Portuguesa.

Editor gestor: Walter Luiz Coutinho
Editora de traduções: Denise Yumi Chinem
Produção editorial: Priscila Mota

Tradução: Carla Melibeu
Diagramação: LCT Tecnologia e Serviços Ltda.

Este livro foi catalogado na CIP (Câmara Brasileira do Livro, SP, Brasil).
ISBN: 978-85-204-3566-3

Edição brasileira – 2013

Direitos em língua portuguesa adquiridos pela: Editora Manole Ltda.
Av. Ceci, 672 – Tamboré – 06460-120 – Barueri – SP – Brasil
Fone: (11) 4196-6000 Fax: (11) 4196-6021
www.manole.com.br info@manole.com.br

Impresso na China
Printed in China

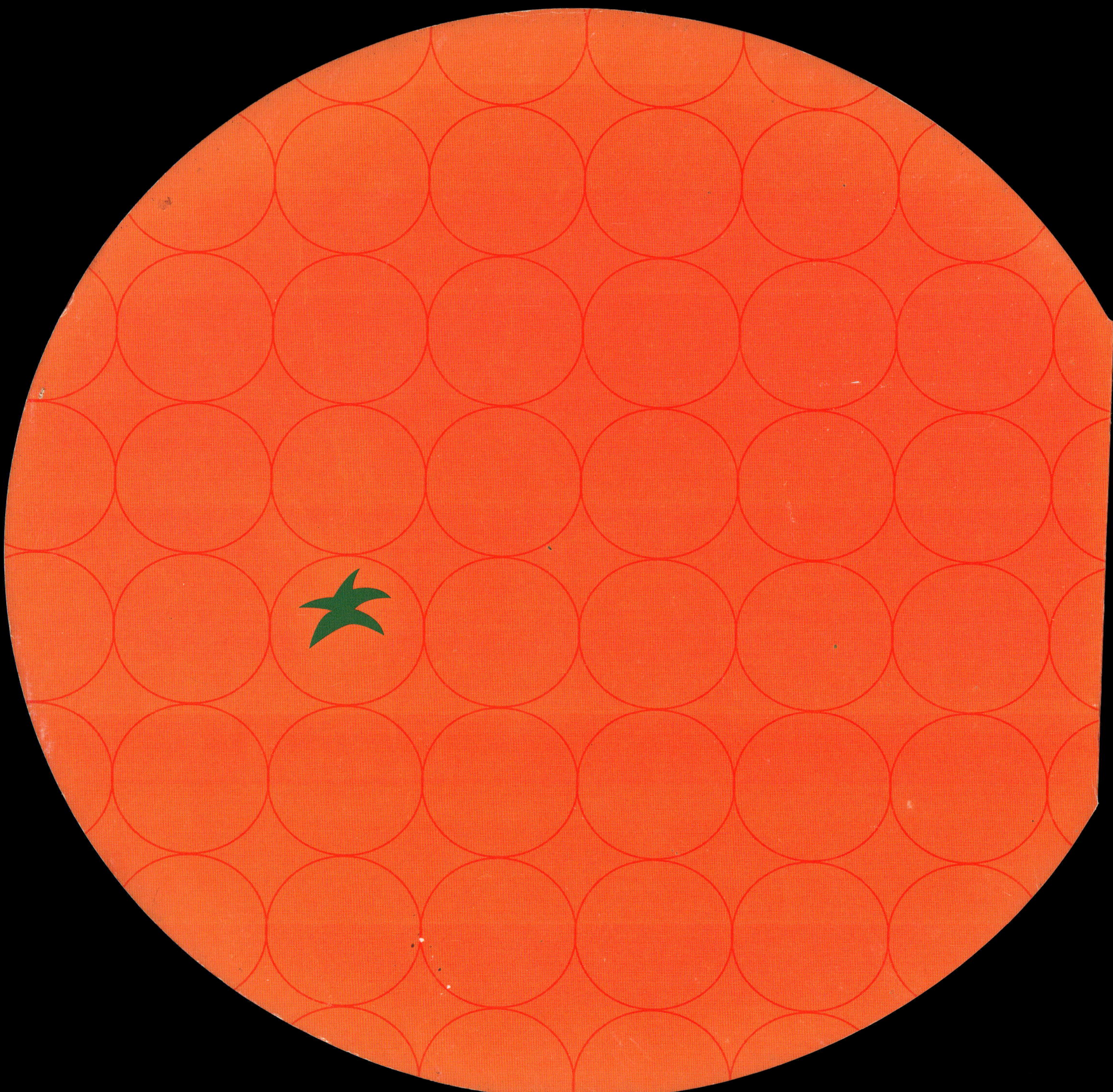